Gestion des vulnérabilités des systèmes d'information

Samir ALE

Gestion des Vulnérabilités des Systèmes D'information

Guide

Éditions StratSec

Certaines situations, missions ou exemples présentés dans ce livre sont inspirés de faits réels.
Pour préserver la confidentialité des organisations concernées, tous les noms, lieux, données sensibles ou spécifiques ont été modifiés ou anonymisés.
Ces éléments sont présentés à des fins exclusivement pédagogiques.

Éditions StratSec

2025

Remerciements

L'écriture achevée de cet ouvrage a été au terme de plusieurs mois de recherches, de voyage et de partage. Je tiens à dire ma gratitude à tous ceux qui ont consacré leur temps pour que cet ouvrage soit une réalité. Je remercie en particulier tous ceux et celles qui font circuit quotidien entre SOC, CERT, DSI, équipe IT et avec qui j'ai travaillé sur de nombreux chantiers de gestion de la vulnérabilité.

Votre dévouement et volonté de faire toujours mieux a été une réelle source d'inspiration. Je salue aussi avec reconnaissance tous ceux qui, de près ou de loin, sont passionnés de Cybersécurité et cherchent toujours à mieux comprendre les enjeux profonds de la sécurité informatique.

Cet ouvrage est pour vous, et c'est avec vous qu'il prend sens. Enfin puisse ce livre vous ouvrir les portes d'une connaissance, de l'amélioration continuelle et de l'action pour une sécurité de nos systèmes d'informations plus résiliant. Une pensée spéciale à ma famille, mes amis et mentors qui ont su faire preuve de patience et de confiance.

Avant-propos

J'ai écrit ce livre pour répondre à une réalité que je rencontre trop souvent sur le terrain : la gestion des vulnérabilités est trop souvent négligée, mal outillée ou isolée dans les équipes techniques.

Pourtant, chaque jour, de nouvelles failles sont découvertes, exploitées, industrialisées. Et chaque organisation, qu'elle soit publique ou privée, en devient une cible potentielle.

Cet ouvrage est le fruit de plusieurs années d'expérience, de missions diverses, de discussions avec des experts passionnés, mais aussi d'erreurs et de réussites. Il a pour objectif d'apporter des méthodes concrètes, des outils adaptés et une vision stratégique pour intégrer durablement la gestion des vulnérabilités dans le pilotage de la cybersécurité.

Que vous soyez analyste SOC, RSSI, administrateur système ou simplement curieux d'en apprendre plus, j'espère que ces pages vous seront utiles, applicables, et vous permettront d'avancer dans vos projets comme dans votre réflexion.

TABLE DES MATIERES

Introduction

Aujourd'hui, à l'heure du numérique, les systèmes d'information sont devenus des actifs stratégiques de la plupart des organisations. Mais tous, quels que soient leur taille, leur secteur d'activité ou leur budget dédié à la cybersécurité, sont de plus en plus exposés. La vulnérabilité, ce sont les portes d'entrée des cybers attaques, qu'elles soient techniques, humaines ou organisationnelles !

Ce livre est le fruit de l'expérience de terrain de son auteur en matière de cybersécurité et se veut une direction pour les professionnels, décideurs, techniciens et étudiants qui veulent comprendre et maîtriser les enjeux de la gestion de la vulnérabilité. Il est le résultat du croisement de la théorie, des pratiques matures, d'études de cas, de l'outillage. Le guide permet au lecteur de mettre sur pied un processus de gestion de la vulnérabilité adaptée à son périmètre et à son activité. Enfin, le livre est un manifeste : l'appel à l'action à œuvrer pour une cybersécurité proactive, résiliante et humaine, indispensables pour évoluer dans un monde numérique en pleine mutation.

CHAPITRE 1

Comprendre les vulnérabilités des systèmes d'information

1.1 Définition d'une vulnérabilité

Dans le cadre de la gestion des vulnérabilités des systèmes d'information, une vulnérabilité désigne une faiblesse dans un système, un logiciel, une procédure ou une organisation, susceptible d'être exploitée par une menace pour affecter l'un des trois principes fondamentaux de la sécurité de l'information : la confidentialité, l'intégrité ou la disponibilité.

Selon la norme ISO/IEC 27005, une vulnérabilité est une "faiblesse d'un actif ou d'un ensemble d'actifs qui peut être exploitée par une ou plusieurs menaces". En ce qui concerne les systèmes d'information, à titre d'attaque, l'attaquant peut également exploiter une faille dans un composant du système pour compromettre des données sensibles, perturber des services ou même administrer le système. Par conséquent, il est crucial de comprendre que la gestion des vulnérabilités n'est pas que de trouver ces faiblesses ; il s'agit également d'évaluer, de hiérarchiser et de corriger.

Les vulnérabilités dans les systèmes d'information peuvent résulter de plusieurs facteurs :

- Erreurs de développement logiciel, comme des injections SQL ou des débordements de tampon.
- Mauvaises configurations système, telles que des ports ouverts non sécurisés ou des mots de passe faibles.
- Défauts matériels, comme des failles de conception des processeurs (exemple : Spectre et Meltdown).
- Comportements humains inappropriés, comme l'utilisation de mots de passe faibles ou la négligence en matière de sécurité.
- Absence de politiques de sécurité formelles ou de procédures de gestion des incidents.

Exemple concret : Prenons le cas d'une application web vulnérable aux injections SQL.

Si l'application ne filtre pas correctement les entrées des utilisateurs, un attaquant peut injecter des commandes SQL malveillantes qui permettent d'accéder à la base de données et d'en modifier son contenu, compromettant ainsi à la fois la confidentialité et l'intégrité des données.

1.2 Typologie des vulnérabilités

Les vulnérabilités qui affectent les systèmes d'information peuvent être classées en plusieurs catégories principales, chacune nécessitant des approches spécifiques pour leur gestion et leur atténuation :

1.2.1 Vulnérabilités logicielles

Les vulnérabilités logicielles sont les erreurs dans le code des applications et des systèmes qui peuvent être exploitées par des attaquants. Ces vulnérabilités sont souvent liées à des erreurs humaines lors de la phase de développement, des configurations erronées ou des logiciels obsolètes.

Elles incluent :

- Injection SQL : Permet à un attaquant d'exécuter des commandes SQL malveillantes dans une base de données.
- Débordement de tampon : Une attaque qui consiste à envoyer des données qui dépassent la capacité d'un tampon, permettant à un attaquant d'exécuter des instructions arbitraires.
- Cross-Site Scripting (XSS) : Permet à un attaquant d'injecter du code JavaScript malveillant dans une page web vue par d'autres utilisateurs.

1.2.2 Vulnérabilités matérielles

Les vulnérabilités matérielles affectent les composants physiques du système, comme les processeurs, les cartes mères ou les dispositifs de stockage. Ces failles peuvent être particulièrement graves, car elles peuvent échapper à la détection et compromettre la sécurité à un niveau fondamental.

Exemples célèbres :

- Spectre et Meltdown : Ces vulnérabilités affectent les processeurs modernes et permettent à un attaquant d'accéder à des données sensibles en exploitant des défauts de conception dans le traitement parallèle des instructions.

1.2.3 Vulnérabilités humaines

Les vulnérabilités humaines sont des erreurs commises par les utilisateurs ou les administrateurs du système. Ces failles résultent souvent de comportements inappropriés, comme :

- Phishing : Technique par laquelle un attaquant manipule un utilisateur pour qu'il divulgue des informations sensibles, souvent par des messages trompeurs.
- Mauvaise gestion des mots de passe : Par exemple, l'utilisation de mots de passe faibles ou leur réutilisation sur plusieurs sites est un comportement qui expose gravement les systèmes à des attaques.

- Erreurs humaines dans la configuration des systèmes : Une mauvaise configuration, comme l'activation de services non sécurisés, peut rendre un système vulnérable.

1.2.4 Vulnérabilités organisationnelles

Les vulnérabilités organisationnelles résultent de la manière dont la sécurité est gérée à un niveau stratégique. Cela comprend des manques dans la gouvernance de la sécurité, l'absence de processus de gestion des incidents ou de formation suffisante pour les employés.

Exemples :

- Absence de politique de sécurité formelle : Si une organisation n'a pas de processus de sécurité clairs, elle peut négliger des aspects cruciaux comme la gestion des accès ou la réponse aux incidents.
- Sensibilisation insuffisante des employés : Un manque de formation sur la cybersécurité peut mener à des erreurs humaines qui augmentent la surface d'attaque de l'organisation.

1.3 Cycle de vie d'une vulnérabilité

La gestion des vulnérabilités dans les systèmes d'information suit un cycle de vie structuré, qui nécessite des actions spécifiques à chaque étape pour assurer une réponse rapide et efficace.

1.3.1 Découverte

Le cycle commence par la découverte de la vulnérabilité. Cette phase peut impliquer des chercheurs en sécurité, des tests internes, ou même des attaques externes. À ce stade, il est crucial d'identifier correctement la vulnérabilité afin de comprendre son impact potentiel.

1.3.2 Notification

Une fois la vulnérabilité découverte, il est essentiel de la notifier au propriétaire de l'actif concerné. Ce processus peut inclure une divulgation responsable pour permettre aux fournisseurs de remédier à la vulnérabilité avant qu'elle ne soit exploitée par des attaquants.

1.3.3 Publication

Une fois corrigée, la vulnérabilité est publiée pour informer la communauté et permettre aux autres organisations d'appliquer les mêmes correctifs. Des bases de données comme CVE (Common Vulnerabilities and Exposures) et des bulletins de sécurité CERT sont les principales sources de cette information.

1.3.4 Patch

Le patching est une étape cruciale où une mise à jour est déployée pour corriger la vulnérabilité. Il est essentiel que les systèmes appliquent les patchs dans les délais les plus courts possibles pour limiter l'exposition à l'attaque.

1.3.5 Exploitation

Si une vulnérabilité n'est pas corrigée à temps, elle peut être exploitée par des attaquants pour compromettre la sécurité du système. Les vulnérabilités zero-day sont particulièrement dangereuses, car elles sont activement utilisées avant qu'un patch ne soit disponible.

1.4 Importance stratégique de la gestion des vulnérabilités

La gestion des vulnérabilités des systèmes d'information n'est pas seulement un défi technique, mais un enjeu stratégique pour toute organisation.

Une vulnérabilité mal gérée peut entraîner des conséquences catastrophiques, bien au-delà des pertes financières immédiates.

1.4.1 Perte financière

Les coûts financiers liés à l'exploitation d'une vulnérabilité incluent non seulement les pertes directes dues à l'indisponibilité des services, mais également les amendes réglementaires pour non-conformité aux normes de sécurité (comme le RGPD), ainsi que les coûts liés à la gestion de la crise.

1.4.2 Impact sur la réputation

Une violation de sécurité peut nuire gravement à l'image de l'entreprise, réduisant la confiance des clients et des partenaires, ce qui peut avoir des effets à long terme sur la compétitivité de l'organisation.

1.4.3 Fuite de données sensibles

La fuite de données sensibles est l'un des risques les plus graves liés à la gestion des vulnérabilités. Un accès non autorisé à des informations confidentielles peut entraîner des poursuites judiciaires, des amendes, et la perte de clients.

1.4.4 Perturbation des opérations

Les attaques informatiques utilisant des vulnérabilités non corrigées peuvent perturber les opérations d'une organisation, entraînant des pannes ou des interférences qui peuvent affecter la productivité et les revenus.

Résumé du Chapitre 1

- Une vulnérabilité dans un système d'information est une faille exploitée par une menace pour compromettre la sécurité.
- Les vulnérabilités peuvent être classées en logicielles pour les applications, matérielles, humaines et organisationnelles, chacune nécessitant une gestion spécifique.

- Le cycle de vie d'une vulnérabilité comprend des étapes allant de la découverte à l'exploitation, avec des processus de notification, publication et patching essentiels pour minimiser les risques.
- La gestion proactive des vulnérabilités est cruciale pour limiter les conséquences financières et opérationnelles des incidents de sécurité.

CHAPITRE 2

Le processus de gestion des vulnérabilités

La gestion des vulnérabilités est un processus critique pour toute organisation cherchant à assurer la sécurité de ses systèmes d'information. Ce processus est itératif et continu, visant à détecter, évaluer, traiter, surveiller et finalement clore les vulnérabilités qui affectent les actifs technologiques de l'organisation. Une gestion efficace des vulnérabilités permet non seulement de minimiser les risques cyber, mais aussi d'améliorer la résilience globale des systèmes.

2.1 Identification des vulnérabilités

La première étape de la gestion des vulnérabilités consiste à identifier les failles présentes dans les systèmes d'information. Cette identification doit être exhaustive et permettre une vue d'ensemble de la sécurité de l'ensemble des actifs : serveurs, postes de travail, applications, réseaux, dispositifs IoT, etc.

Méthodes principales d'identification :

- Scans automatisés : Les outils de scanning comme Nessus, OpenVAS ou Qualys sont utilisés pour effectuer des analyses régulières et automatisées des systèmes à la recherche de vulnérabilités connues.

- Veille sécuritaire : La surveillance des bases de données de vulnérabilités telles que CVE (Common Vulnerabilities and Exposures), NVD (National Vulnerability Database) ou les bulletins de CERT permet de suivre l'émergence de nouvelles vulnérabilités.
- Audits de sécurité : Réaliser des audits réguliers, soit en interne, soit via des prestataires externes spécialisés en cybersécurité, permet de découvrir des vulnérabilités souvent complexes ou spécifiques à l'organisation.

Bonnes pratiques :

- Planification des scans réguliers : Organiser des scans de sécurité hebdomadaires ou mensuels, avec une attention particulière portée aux systèmes critiques.
- Couverture étendue : Assurer que tous les actifs de l'organisation, des serveurs aux applications cloud, sont inclus dans les scans de sécurité. Un actif non scanné représente un risque non détecté.
- Inventaire constant : Maintenir un inventaire à jour des actifs informatiques et logiciels afin d'identifier les systèmes non sécurisés ou obsolètes.

Exemple concret : Une entreprise ayant une infrastructure de cloud hybride peut automatiser des scans mensuels sur les serveurs cloud et ses applications internes, en s'appuyant sur des outils comme Qualys ou Nessus pour détecter des vulnérabilités nouvelles dans ses composants.

2.2 Évaluation et analyse des vulnérabilités

Une fois les vulnérabilités identifiées, la prochaine étape consiste à évaluer leur gravité et leur impact potentiel. L'objectif ici est de comprendre quelles failles représentent un véritable danger pour l'organisation et de déterminer leur probabilité d'exploitation.

Outils d'évaluation :

- CVSS (Common Vulnerability Scoring System) : Ce système standardisé permet d'attribuer un score de 0 à 10 à chaque vulnérabilité en fonction de critères comme l'exploitabilité, l'impact et la complexité de l'attaque. Par exemple, un score de 10 indique une vulnérabilité très critique qui est facilement exploitable.
- Analyse de contexte : Au-delà du score CVSS, l'analyse de l'exposition réelle des actifs permet de nuancer la criticité d'une vulnérabilité. Par exemple, une vulnérabilité majeure sur un serveur exposé à Internet peut être plus pressante qu'une vulnérabilité identique sur un serveur interne inaccessible.

Bonnes pratiques :

- Prendre en compte le contexte : Analyser les risques en fonction de la place de l'actif dans l'infrastructure et de l'exposition réelle à Internet.

- Utiliser des outils d'évaluation complémentaires : Intégrer l'utilisation de systèmes de gestion des risques pour évaluer l'impact métier de chaque vulnérabilité.

Exemple concret : Si une vulnérabilité affecte un serveur de base de données interne, mais ce dernier n'est pas accessible depuis l'extérieur, son impact et son urgence peuvent être considérablement diminués, même s'il a un score CVSS élevé.

2.3 Priorisation des vulnérabilités

Face à un nombre souvent élevé de vulnérabilités, il est nécessaire de les prioriser pour allouer les ressources de manière efficace. La priorisation permet de traiter en priorité les vulnérabilités les plus dangereuses ou les plus exposées.

Critères de priorisation :

- Niveau de criticité CVSS : Les vulnérabilités ayant un score CVSS élevé doivent être traitées en priorité.
- Importance de l'actif affecté : Un serveur financier ou une base de données contenant des informations sensibles seront jugés plus critiques qu'un poste de travail de moins grande importance.
- Accessibilité de l'actif : Un serveur exposé à Internet représente un risque bien plus élevé qu'un serveur interne sur un réseau isolé.

- Existence de preuves d'exploitation active : Les vulnérabilités pour lesquelles des exploits sont déjà actifs ou disponibles publiquement (par exemple via des forums de hackers) doivent être traitées immédiatement.

Méthodologie complémentaire :

- Risk-Based Vulnerability Management (RBVM) : Cette approche met l'accent sur les vulnérabilités en fonction de leur impact sur l'organisation plutôt que de leur gravité technique pure. Cette méthode permet de mieux aligner les actions de sécurité avec les objectifs stratégiques de l'entreprise.

Exemple concret : Une vulnérabilité dans un serveur exposé à Internet et pouvant être exploitée par un ransomware sera priorisée par rapport à une vulnérabilité similaire sur un serveur interne, non accessible depuis l'extérieur.

2.4 Remédiation

La remédiation est le processus de correction ou d'atténuation des vulnérabilités identifiées et priorisées. Elle est essentielle pour réduire les risques et rétablir la sécurité des systèmes.

Techniques de remédiation :

- Application de correctifs (patching) : Le déploiement de patches de sécurité est l'une des méthodes les plus courantes pour résoudre les vulnérabilités logicielles.
- Changement de configuration : Renforcer les configurations de sécurité, comme la désactivation de services inutiles, la mise en place de règles de firewall ou la restriction des accès.
- Mesures compensatoires : Lorsque l'application d'un patch est impossible à court terme, il peut être nécessaire d'utiliser des solutions de contournement, comme l'isolation des systèmes vulnérables ou la mise en place de règles de filtrage de trafic.

Bonnes pratiques :

- Suivre un processus de gestion des changements : Utiliser des méthodologies comme ITIL pour gérer les correctifs et changements afin d'éviter des erreurs qui pourraient perturber les opérations.
- Documenter toutes les actions : Chaque patch ou changement doit être bien documenté, y compris les raisons du choix de la solution et les actions entreprises.

Exemple concret : Lors de la découverte d'une vulnérabilité de type buffer overflow, l'organisation peut appliquer un patch de sécurité recommandé, mais en attendant une mise à jour complète, elle peut bloquer l'accès aux services vulnérables via des règles de firewall.

2.5 Validation des corrections

Après avoir mis en œuvre des actions correctives, il est impératif de valider l'efficacité de ces mesures pour garantir que la vulnérabilité a bien été traitée et qu'aucune nouvelle faille n'a été introduite.

Validation des corrections :

- Nouveaux scans : Un scan de sécurité ciblé doit être effectué sur les systèmes corrigés pour vérifier que la vulnérabilité a été correctement patchée.
- Tests d'intrusion (pentests) : Dans certains cas, il peut être nécessaire d'effectuer des tests d'intrusion pour simuler une attaque et s'assurer que la vulnérabilité a été complètement éliminée.
- Rapports d'audit : Chaque action corrective doit être consignée dans des rapports détaillés qui pourront être utilisés pour les audits futurs.

Exemple concret : Après l'application d'un patch de sécurité pour corriger une vulnérabilité de type SQL Injection, un test d'intrusion peut être effectué pour vérifier que la faille est complètement fermée.

2.6 Amélioration continue du processus

La gestion des vulnérabilités est un processus dynamique qui doit être constamment amélioré pour s'adapter aux nouvelles menaces, technologies et retours d'expérience.

Actions recommandées pour l'amélioration continue :

- Révision régulière des procédures : Adapter les processus de gestion des vulnérabilités à l'évolution des menaces et des technologies.
- Formation des équipes : Assurer que les équipes IT et de sécurité restent formées aux meilleures pratiques et aux nouveaux outils.
- Automatisation des scans et analyses : Investir dans des outils d'automatisation intelligents pour effectuer des scans réguliers et des analyses plus approfondies.

Exemple concret : Après avoir traité plusieurs vulnérabilités liées à des composants de serveur, l'organisation peut décider d'automatiser l'ensemble de ses processus de gestion de vulnérabilités pour améliorer la réactivité et réduire les erreurs humaines.

Résumé du Chapitre 2

- Le processus de gestion des vulnérabilités repose sur six étapes clés : identification, évaluation, priorisation, remédiation, validation et amélioration continue.
- La rapidité de réaction, la pertinence des décisions et l'alignement avec les objectifs stratégiques de l'entreprise sont essentiels pour une gestion efficace des vulnérabilités.

- Un processus bien documenté et auditable, adapté aux spécificités de l'organisation, contribue à une meilleure résilience face aux risques cyber.

CHAPITRE 3

Les outils de gestion des vulnérabilités

La gestion des vulnérabilités est un processus complexe, et l'utilisation d'outils performants est un levier clé pour garantir son efficacité. Les outils permettent non seulement de détecter rapidement les failles de sécurité, mais aussi d'en faciliter l'analyse, la priorisation, et le suivi. Dans ce chapitre, nous examinerons les principales catégories d'outils utilisés dans la gestion des vulnérabilités, ainsi que des exemples de solutions populaires, leurs critères de sélection et les précautions à prendre lors de leur utilisation.

3.1 Typologie des outils

Dans la gestion des vulnérabilités, plusieurs catégories d'outils sont utilisées pour traiter différentes étapes du processus. Voici un aperçu des principales catégories :

1. Scanners de vulnérabilités

Les scanners de vulnérabilités sont des logiciels conçus pour identifier automatiquement les failles potentielles sur les systèmes, applications, réseaux, et autres actifs. Ces outils permettent de rechercher des vulnérabilités connues dans les composants systèmes tels que les serveurs, les applications, ou les configurations réseau.

Exemples : Nessus, OpenVAS, Qualys, Nexpose.

2. Gestionnaires de vulnérabilités (VM solutions)

Les solutions de gestion des vulnérabilités centralisent la détection, la priorisation, et la remédiation des vulnérabilités dans un tableau de bord unique. Ces outils permettent de gérer l'ensemble du cycle de vie des vulnérabilités et de coordonner les efforts à l'échelle de l'organisation.

Exemples : Rapid7 InsightVM, Tenable.io, Qualys VMDR.

3. Bases de données de vulnérabilités

Les bases de données de vulnérabilités sont des référentiels qui recensent toutes les failles de sécurité publiées, avec des informations détaillées sur leur nature et leur impact. Elles sont utilisées pour identifier les vulnérabilités spécifiques aux logiciels ou aux composants matériels.

Exemples : CVE (Common Vulnerabilities and Exposures), NVD (National Vulnerability Data base), Exploit-DB.

4. Outils d'évaluation du risque

Les outils d'évaluation du risque croisent les données des vulnérabilités, la criticité des actifs et les informations provenant de la threat intelligence pour déterminer le risque réel associé à une vulnérabilité. Ces solutions permettent de prioriser les vulnérabilités en fonction de l'impact possible sur l'entreprise.

Exemples : RiskSense, Kenna Security.

3.2 Présentation de quelques outils majeurs

Voici une sélection de quelques outils incontournables dans la gestion des vulnérabilités :

1. Nessus

Développé par Tenable, Nessus est l'un des scanners de vulnérabilités les plus populaires au monde. Il est utilisé pour détecter les failles de sécurité sur les infrastructures réseaux, les applications web, et les systèmes en cloud.

Fonctionnalités :

- Couverture étendue : Nessus peut scanner une large gamme d'actifs, y compris les systèmes réseau, les applications cloud et les bases de données.
- Mises à jour régulières : Le moteur de détection est mis à jour fréquemment pour inclure de nouvelles vulnérabilités.
- Rapports personnalisables : Permet de générer des rapports détaillés et adaptés aux besoins spécifiques des utilisateurs.

2. Qualys VMDR

Qualys Vulnerability Management Detection and Response (VMDR) est une plateforme cloud qui intègre la gestion des vulnérabilités, la détection des menaces et la réponse à incident.

Fonctionnalités :

- Une Découverte automatique des actifs des périmètres : Identifie automatiquement tous les actifs de l'entreprise (serveurs, bases de données, applications) à l'aide de scans continus et d'agents déployables.
- Priorisation basée sur le risque : Évalue la criticité des vulnérabilités en fonction du contexte métier et de l'exposition réelle.
- Scans continus : Permet de scanner en permanence l'infrastructure pour détecter de nouvelles vulnérabilités.

3. OpenVAS

OpenVAS (Open Vulnerability Assessment Scanner) est une solution open-source permettant de réaliser des scans de vulnérabilités sur les infrastructures réseaux. Bien que considéré comme un outil gratuit, il reste performant pour l'identification des vulnérabilités.

Fonctionnalités :

- Scans d'infrastructure : Offre une couverture complète de l'infrastructure réseau.
- Détection de vulnérabilités connues : Recueille les vulnérabilités existantes dans les bases de données publiques telles que la CVE.
- Flexibilité : Peut être intégré avec d'autres outils pour enrichir les résultats du scan.

4. Rapid7 InsightVM

Rapid7 InsightVM est une plateforme de gestion des vulnérabilités qui permet de visualiser, évaluer et prioriser les risques. Elle propose également des outils pour la gestion des correctifs et le suivi des vulnérabilités.

Fonctionnalités :

- Analyse des vulnérabilités : Fournit une analyse approfondie des vulnérabilités, avec une visibilité dynamique sur l'exposition aux risques.
- Visualisation des expositions : Offre des graphiques interactifs pour aider à la compréhension du paysage de vulnérabilités.
- Évaluation du risque : Permet de classer les vulnérabilités en fonction de leur niveau de risque, en tenant compte de facteurs tels que la criticité des actifs.

5. Base CVE (Common Vulnerabilities and Exposures)

La CVE est un système d'identification standardisé des vulnérabilités. Chaque vulnérabilité se voit attribuée un identifiant unique, ce qui facilite la recherche et le suivi des failles de sécurité.

Fonctionnalités :

- Centralisation des vulnérabilités : Chaque vulnérabilité est répertoriée avec une description détaillée et des solutions potentielles.
- Référencement de failles : Permet de rechercher des vulnérabilités spécifiques à un logiciel ou à une technologie donnée.

3.3 Critères de choix d'un outil

Le choix d'un outil de gestion des vulnérabilités doit être basé sur plusieurs critères pour répondre au mieux aux besoins spécifiques de l'organisation :

1. Couverture technologique :

L'outil doit être capable de couvrir les types d'actifs de votre organisation : serveurs, réseaux, cloud, IoT, applications web, etc.

2. Facilité de déploiement :

Il est essentiel que l'outil s'intègre facilement dans l'infrastructure existante, qu'il soit déployé avec ou sans agent, en mode SaaS ou on-premise.

3. Capacités de priorisation :

Un bon outil doit permettre de prioriser les vulnérabilités en fonction de leur impact réel. Cela inclut l'intégration de la threat intelligence et l'analyse contextuelle.

4. Intégration avec d'autres systèmes :

L'outil doit pouvoir s'intégrer facilement avec d'autres solutions comme les SIEM (Security Information and Event Management), les systèmes ITSM, ou les outils de ticketing pour une gestion fluide des vulnérabilités.

5. Rapport coût/efficacité :

L'outil doit être choisi en fonction de la taille de l'infrastructure, du budget disponible et des ressources humaines pour l'exploiter.

6. Conformité réglementaire :

Certaines normes de sécurité imposent des exigences spécifiques, comme PCI DSS ou ISO 27001, qu'il faut respecter.

3.4 Limites et précautions dans l'usage des outils

Bien que puissants, les outils de gestion des vulnérabilités ne sont pas sans limites :

1. Faux positifs :

Les scanners peuvent générer des alertes incorrectes ou non pertinentes, nécessitant une validation manuelle.

2. Oubli de contextes spécifiques :

Les outils automatisés ne peuvent pas toujours comprendre le contexte métier ou l'importance d'un actif particulier, ce qui peut fausser la priorisation des vulnérabilités.

3. Dépendance excessive :

Une automatisation excessive sans expertise humaine peut laisser des angles morts dans l'analyse, notamment en cas de vulnérabilités complexes ou peu documentées.

Précaution : Utiliser les outils comme complément de l'expertise humaine et non comme substitut à cette dernière.

Conclusion du Chapitre 3

- Les outils de gestion des vulnérabilités jouent un rôle crucial en automatisant et en rationalisant la détection, l'analyse, la priorisation, et la gestion des vulnérabilités.
- Des outils comme Nessus, Qualys, Rapid7 InsightVM, et OpenVAS sont parmi les plus utilisés dans le domaine.
- Le choix d'un outil dépend de facteurs techniques (couverture, intégration) et opérationnels (coût, facilité d'utilisation).
- L'expertise humaine reste indispensable pour compléter l'analyse des outils et prendre des décisions éclairées sur les actions à mener.

CHAPITRE 4

Bonnes pratiques de gestion des vulnérabilités

La gestion des vulnérabilités ne repose pas uniquement sur l'utilisation d'outils efficaces. Elle dépend aussi de l'adoption de bonnes pratiques organisationnelles et opérationnelles, qui permettent d'assurer une gestion cohérente et pérenne des vulnérabilités au sein de l'organisation. Une approche structurée est essentielle pour une gestion des vulnérabilités réellement efficiente, capable d'adresser à la fois les défis techniques et les enjeux stratégiques.

4.1 Mettre en place une politique formelle de gestion des vulnérabilités

La base de toute démarche efficace de gestion des vulnérabilités est l'élaboration d'une politique formelle, validée par la direction. Cela permet d'établir une approche uniforme et de renforcer l'engagement des équipes face à la cybersécurité.

Contenu recommandé :

- Objectifs du programme : La politique doit préciser les objectifs principaux de la gestion des vulnérabilités, comme la réduction des risques, le respect des normes de sécurité ou l'amélioration continue de la posture de sécurité.

- Rôles et responsabilités des acteurs : Définir clairement qui est responsable de chaque étape du processus, qu'il s'agisse de l'identification, de l'évaluation, du traitement ou du suivi des vulnérabilités.
- Processus d'identification, d'évaluation, de traitement et de suivi : Il est nécessaire de décrire le processus global, en précisant les étapes clés, les outils à utiliser, ainsi que les intervenants à chaque phase.
- Délais d'intervention : Les délais pour traiter les vulnérabilités doivent être définis en fonction de leur criticité et de leur impact potentiel sur l'organisation.
- Périmètre des actifs concernés : La politique doit spécifier les types d'actifs concernés par la gestion des vulnérabilités, y compris les serveurs, les applications, les bases de données, les équipements réseau, et les environnements cloud.

Avantages d'une politique claire :

- Favorise l'adhésion des équipes : Une politique bien définie crée un cadre d'action clair pour les équipes.
- Cadre des priorités : Permet de hiérarchiser les efforts et de se concentrer sur les vulnérabilités les plus critiques.
- Facilite l'audibilité et la conformité : Aide à démontrer la conformité aux normes de sécurité (comme ISO 27001, PCI DSS) lors des audits.

4.2 Maintenir un inventaire à jour des actifs

On ne peut pas protéger ce que l'on ne connaît pas. Disposer d'un inventaire exhaustif et constamment mis à jour des actifs est la clé pour garantir que tous les éléments de l'infrastructure sont correctement surveillés et protégés.

Outils utiles :

- Solutions d'inventaire automatique : Une CMDB (Configuration Management Database) permet de maintenir un inventaire dynamique des actifs et de leur état de sécurité.
- Découverte active via des outils de scan réseau : Ces outils permettent de détecter les nouveaux actifs ajoutés à l'infrastructure ou les systèmes non référencés dans l'inventaire.
- Intégration avec les plateformes de gestion IT de votre organisation : L'intégration avec les systèmes existants (par exemple, les systèmes de gestion des tickets) garantit une gestion fluide de l'inventaire.

Bonnes pratiques :

- Classifier les actifs selon leur criticité : Les actifs doivent être classés en fonction de leur importance pour l'organisation, ce qui facilite la priorisation des actions de sécurisation.

- Associer chaque actif à un responsable : Un responsable doit être assigné à chaque actif afin de garantir qu'il est régulièrement surveillé et mis à jour.

4.3 Pratiquer la gestion continue

La gestion des vulnérabilités n'est pas un événement ponctuel, mais un processus continu. Les menaces évoluent constamment, tout comme les vulnérabilités. Par conséquent, une gestion réactive est insuffisante.

Recommandations :

- Planification de scans réguliers : La réalisation de scans réguliers, que ce soit de manière hebdomadaire ou mensuelle, permet de détecter rapidement les nouvelles vulnérabilités.
- Veille permanente sur les nouvelles vulnérabilités : Une veille active sur les publications liées aux vulnérabilités permet de rester informé des dernières menaces.
- Surveillance en temps réel pour les environnements critiques : Les environnements stratégiques, tels que les systèmes de production, doivent faire l'objet d'une surveillance continue, afin de détecter rapidement toute activité anormale.

Bénéfices d'un cycle continu :

- Réduction des fenêtres d'exposition : Un processus continu permet d'identifier les vulnérabilités dès leur apparition et de réduire la période pendant laquelle elles peuvent être exploitées par des attaquants.
- Résilience face aux nouvelles menaces : La gestion continue permet de s'adapter rapidement aux nouvelles vulnérabilités et aux menaces émergentes.

4.4 Prioriser efficacement les traitements

Toutes les vulnérabilités n'ont pas le même impact sur l'organisation. Il est donc crucial de prioriser le traitement des vulnérabilités en fonction de leur impact réel, et pas uniquement en fonction de leur gravité technique.

Approche recommandée :

- Analyse de risque contextuelle : Il est essentiel de comprendre non seulement la gravité de la vulnérabilité (par exemple, un score CVSS), mais aussi l'actif affecté et le type de menace auquel il est exposé. Un actif critique exposé publiquement doit être traité en priorité, même si la vulnérabilité a un score de gravité moins élevé que celle d'un serveur isolé.
- Stratégie Risk-Based Vulnerability Management (RBVM) : Cette approche permet d'ajuster les efforts de remédiation

en fonction du niveau de risque pour l'organisation, en prenant en compte l'exposition des actifs, les menaces spécifiques et la valeur des données.

Exemple :

Une vulnérabilité notée CVSS 7.5 sur un serveur exposé publiquement peut être plus urgente à traiter qu'une vulnérabilité CVSS 9.8 sur un serveur interne isolé, car l'exposition publique augmente le risque d'exploitation.

4.5 Intégrer la gestion des vulnérabilités dans les changements

L'un des aspects souvent négligés dans la gestion des vulnérabilités est l'intégration avec la gestion des changements. Toute modification, qu'il s'agisse de la mise en place de nouvelles applications ou de la mise à jour de systèmes, peut introduire de nouvelles vulnérabilités.

Bonnes pratiques :

- Analyser l'impact sécurité de chaque changement : Avant chaque modification (comme l'ajout d'une nouvelle application ou la mise à jour d'un composant), il est essentiel de vérifier les vulnérabilités potentielles qu'elle pourrait introduire.
- Vérification préalable des composants : L'analyse des vulnérabilités dans les composants avant leur mise en

production permet d'anticiper les risques en matière de sécurité.

Exemple :

Dans un cadre DevSecOps, l'analyse de vulnérabilité doit être réalisée sur chaque code source avant son déploiement en production, afin de prévenir toute introduction de failles de sécurité.

4.6 Sensibiliser et former les équipes

Les vulnérabilités humaines représentent l'un des maillons faibles dans la sécurité des systèmes d'information. La sensibilisation et la formation des équipes sont donc primordiales pour renforcer la posture de sécurité de l'organisation.

Formations recommandées :

- Ateliers pratiques pour les équipes techniques : Les administrateurs et les développeurs doivent être formés aux bonnes pratiques de sécurisation, notamment sur les configurations sécurisées des systèmes et la gestion des identifiants.
- Exercices de simulation de phishing : Les simulations permettent de tester la réactivité des utilisateurs face aux attaques d'ingénierie sociale.
- Certifications professionnelles : Encouragez les membres de l'équipe à obtenir des certifications reconnues comme

CompTIA Security+, CEH (Certified Ethical Hacker), CISSP, etc., pour renforcer leur expertise.

4.7 Mesurer la performance et améliorer

Afin de garantir l'efficacité du programme de gestion des vulnérabilités, il est important de définir des indicateurs de performance clés (KPIs). Ces KPIs permettent de suivre les progrès réalisés et d'identifier les axes d'amélioration.

Exemples de KPIs :

- Délai moyen de correction des vulnérabilités critiques : Mesurer combien de temps il faut pour corriger une vulnérabilité à haut risque.
- Taux de vulnérabilités corrigées dans les délais fixés : Suivre le pourcentage de vulnérabilités corrigées dans les délais convenus.
- Nombre de vulnérabilités critiques détectées par mois : Surveiller l'évolution du nombre de vulnérabilités critiques découvertes pour évaluer la performance du programme.

Avantages d'une approche data-driven :

- Amélioration continue : Les KPIs permettent d'identifier les points faibles et d'ajuster le programme en fonction des résultats.

- Pilotage par la direction générale : Les données permettent à la direction de suivre les progrès réalisés et de justifier les investissements en cybersécurité.

Résumé du Chapitre 4

En conclusion, il y a de nombreux éléments clés pour une gestion efficace des vulnérabilités. Ces éléments comprennent une politique claire, un inventaire minutieux, un processus continu, une analyse de risque contextuel, et une intégration avec les processus de changement. De plus, la formation et la prise de conscience des agents et mesures de performance sont essentielles pour réussir dans le futur. Dans l'ensemble, grâce à ces bonnes pratiques, les organisations peuvent réduire leur exposition aux menaces de manière significative et renforcer leur force face aux menaces émergentes.

CHAPITRE 5

Problématiques et défis de la gestion des vulnérabilités

Malgré les outils sophistiqués et les processus éprouvés, la gestion des vulnérabilités demeure un défi majeur pour de nombreuses organisations. Les menaces évoluent rapidement, tout comme la complexité des environnements techniques, rendant la gestion des vulnérabilités d'autant plus complexe. Ce chapitre explore les principaux obstacles rencontrés et propose des solutions pour y faire face efficacement.

5.1 Le volume exponentiel des vulnérabilités

Le rythme de publication des vulnérabilités est en constante augmentation, avec des milliers de nouvelles vulnérabilités révélées chaque année. Cette explosion du nombre de vulnérabilités complique leur gestion et augmente le risque pour les organisations.

Statistiques clés :

- Plus de 20 000 nouvelles vulnérabilités CVE sont publiées chaque année.
- La multiplication des technologies, telles que le cloud, l'Internet des objets (IoT) et les conteneurs, étend

considérablement la surface d'attaque, introduisant de nouveaux vecteurs de vulnérabilité.

Conséquences :

- Difficile de tout corriger immédiatement : Face à un tel volume, il devient quasi impossible pour les équipes de sécurité de traiter toutes les vulnérabilités dès leur découverte.
- Risque de submersion des équipes de sécurité : Le nombre de vulnérabilités croissant rapidement peut submerger les équipes de sécurité, entraînant un risque accru d'oubli ou de retard dans la gestion des failles critiques.

Solutions possibles :

- Priorisation stricte basée sur le risque : Les vulnérabilités doivent être triées et traitées en fonction de leur gravité et de leur potentiel d'exploitation dans le contexte de l'organisation.
- Automatisation des détections et premières analyses : L'automatisation permet de gagner du temps en détectant et en classifiant rapidement les vulnérabilités.
- Externalisation via des services managés (MSSP) : Pour les organisations disposant de ressources limitées, l'externalisation des activités de gestion des vulnérabilités à des fournisseurs de services managés peut alléger la charge.

5.2 Les ressources limitées

Le manque de ressources, qu'il s'agisse de personnel ou de budget, reste un problème majeur pour de nombreuses équipes de sécurité. La pénurie de talents en cybersécurité est un défi mondial qui impacte la capacité des organisations à gérer efficacement les vulnérabilités.

Problèmes rencontrés :

- Sous-effectif des équipes IT/sécurité : Beaucoup d'organisations n'ont pas suffisamment de personnel dédié pour faire face à l'augmentation des menaces et des vulnérabilités.
- Budget insuffisant : Les moyens alloués à la cybersécurité sont souvent limités, rendant difficile l'investissement dans des outils performants ou la formation continue des équipes.

Approches recommandées :

- Rationaliser les efforts en se concentrant sur les actifs critiques : Il est essentiel de concentrer les ressources sur les actifs les plus sensibles et les plus exposés, plutôt que d'essayer de traiter toutes les vulnérabilités.
- Former en interne et mutualiser les compétences : Former les équipes internes à la gestion des vulnérabilités permet

d'améliorer la résilience de l'organisation sans dépendre entièrement d'experts externes.

- Utiliser des outils d'orchestration et d'automatisation (SOAR) : Ces outils permettent d'automatiser une partie du processus de gestion des vulnérabilités, libérant ainsi des ressources pour des tâches plus complexes.

5.3 La gestion des environnements complexes

Les systèmes d'information modernes sont de plus en plus hybrides et diversifiés, ce qui rend leur gestion particulièrement complexe. La combinaison d'environnements on-premise, cloud, et IoT génère des défis en termes de visibilité, de coordination et de sécurité.

Problèmes rencontrés :

- Une grande difficulté à avoir une visibilité complète : Les environnements distribués compliquent la tâche des équipes de sécurité qui peinent à obtenir une vue d'ensemble cohérente de tous les actifs.
- Multiplication des outils de gestion : Les organisations utilisent souvent plusieurs outils pour gérer différents aspects de la sécurité, ce qui peut créer des silos d'information et réduire l'efficacité des processus.
- Différence de responsabilités : La répartition des responsabilités entre les équipes d'infrastructure, de développement, de cloud et de sécurité peut entraîner des ambiguïtés, notamment sur la gestion des vulnérabilités.

Bonnes pratiques :

- Déployer des solutions unifiées : Des plateformes de gestion centralisée des vulnérabilités capables de couvrir plusieurs environnements (on-premise, cloud, IoT) permettent une meilleure visibilité et coordination.
- Centraliser les résultats et harmoniser les processus : Centraliser l'information et harmoniser les processus de gestion des vulnérabilités permettent de réduire les silos et d'optimiser les efforts de correction.

5.4 Les délais de remédiation

Même lorsqu'une vulnérabilité est identifiée comme étant critique, sa correction peut prendre du temps pour diverses raisons. Ces délais peuvent accroître le risque d'exploitation des vulnérabilités.

Causes des délais :

- Dépendance aux éditeurs pour les patchs : Les organisations dépendent souvent des fournisseurs pour la publication de correctifs, ce qui peut entraîner des délais supplémentaires si les patchs ne sont pas disponibles rapidement.
- Risques d'instabilité liés à l'application de correctifs : L'application de correctifs peut parfois provoquer des instabilités ou des pannes, nécessitant des tests et des validations supplémentaires avant déploiement.

- Processus de validation interne trop lourds : Les processus internes de validation (tests, homologation etc.) peuvent ralentir l'implémentation des correctifs.

Recommandations :

- Disposer de processus agiles de patch management : Mettre en place des processus agiles permettant une gestion plus rapide des patchs tout en minimisant les risques d'instabilité.
- Privilégier les mesures compensatoires temporaires : En cas d'impossibilité de déployer un patch immédiatement, des mesures compensatoires, telles que la segmentation du réseau, l'application de pare-feu ou la désactivation de services vulnérables, peuvent réduire les risques.

5.5 Le Shadow IT et l'ignorance des actifs non déclarés

Le Shadow IT représente un risque de sécurité important, car il concerne les équipements, applications et systèmes déployés sans l'accord ou la supervision des équipes informatiques, exposant ainsi l'organisation à des vulnérabilités non détectées.

Problèmes liés au Shadow IT :

- Actifs non-connus = vulnérabilités non détectées.

Les actifs non déclarés échappent à la gestion des vulnérabilités, ce qui les rend vulnérables aux attaques.

Contre-mesures :

- Outils de découverte réseau actifs/passifs : Utiliser des outils capables de détecter les équipements non déclarés dans le réseau, que ce soit par des scans actifs ou passifs.
- Sensibilisation forte des utilisateurs : Informer les utilisateurs des risques associés au Shadow IT et les inciter à faire valider tout nouveau système ou application par les équipes informatiques.
- Processus de validation et d'enregistrement simplifiés : Simplifier le processus de validation pour les nouveaux actifs afin de réduire l'incitation au Shadow IT.

5.6 L'évolution des menaces

Les menaces évoluent rapidement, ce qui complique la gestion des vulnérabilités. Les attaquants sont de plus en plus rapides et organisés, et les nouvelles méthodes d'attaque comme les ransomwares-as-a-service rendent la cybersécurité encore plus difficile à maîtriser.

Évolution des menaces :

- Exploitation massive de vulnérabilités dès leur divulgation (zero-day) : Les attaquants exploitent rapidement les vulnérabilités dès leur découverte, avant même que des patchs ne soient publiés.

- Industrialisation des cyberattaques : Les ransomwares-as-a-service permettent à des attaquants de niveau relativement bas de lancer des attaques sophistiquées à grande échelle.
- Ciblage spécifique de secteurs critiques : Certains secteurs, comme l'énergie, la santé ou les infrastructures critiques, sont de plus en plus ciblés par des attaquants.

Stratégie recommandée :

- Renforcer la veille cyber : Mettre en place une veille constante pour surveiller les nouvelles vulnérabilités et menaces, et être prêt à réagir rapidement.
- Mécanismes de détection précoce : Utiliser des solutions de détection de menaces (EDR, threat intelligence) pour identifier et réagir aux attaques en cours avant qu'elles ne causent des dommages importants.
- Posture de défense proactive : Adopter une stratégie de défense basée sur l'hypothèse de l'intrusion (assumed breach), où l'on considère que des attaquants sont déjà présents dans l'environnement et l'on met en place des contrôles renforcés pour limiter l'impact.

Résumé du Chapitre 5

Les défis majeurs de la gestion des vulnérabilités sont liés à l'augmentation continue du nombre de vulnérabilités, à la complexité des environnements technologiques, et à la pénurie de ressources. Une gestion efficace repose sur la priorisation, l'automatisation intelligente, et la coopération interservices. En outre, la vigilance constante et l'adaptabilité face à l'évolution des menaces doivent être prises en compte.

CHAPITRE 6

Gestion des vulnérabilités dans le Cloud

Le cloud computing a bouleversé les architectures traditionnelles des systèmes d'information en offrant des solutions flexibles et évolutives. Toutefois, cette nouvelle approche expose les organisations à de nouveaux types de vulnérabilités et complique la gestion de la sécurité.

6.1 Spécificités du cloud en matière de vulnérabilités

La gestion des vulnérabilités dans le cloud présente plusieurs particularités liées à l'architecture et à la dynamique du modèle cloud.

Principales spécificités :

- Partage de responsabilités :

  Dans le modèle cloud, la responsabilité de la sécurité est partagée entre le fournisseur (AWS, Azure, GCP…) et le client. Par exemple, en IaaS (Infrastructure as a Service), l'utilisateur est responsable de la gestion des systèmes d'exploitation et des applications, tandis que le fournisseur gère la sécurité de l'infrastructure sous-jacente.

- Elasticité et durée de vie limitée des ressources :

Les ressources cloud (instances, conteneurs, etc.) sont dynamiques et peuvent être créées ou supprimées à tout moment. Cela rend difficile la gestion traditionnelle des vulnérabilités, car les ressources peuvent disparaître avant qu'elles ne soient évaluées.

- Multiplication des surfaces d'attaque :

  Avec les API, les services de stockage public et les mauvaises configurations de ressources, le cloud présente une surface d'attaque beaucoup plus large que les environnements traditionnels.

6.2 Risques spécifiques liés au cloud

Certaines vulnérabilités et risques sont propres aux environnements cloud, en raison de la complexité des infrastructures et des erreurs de configuration.

Principaux risques :

- Mauvaises configurations :

  Les mauvaises configurations sont une cause majeure de vulnérabilités dans le cloud, comme un mauvais paramétrage des buckets S3, des permissions excessives ou des ports ouverts à Internet.

- Vulnérabilités des workloads :

Les systèmes d'exploitation ou les conteneurs mal patchés exposent les ressources cloud à des attaques. Cela inclut les failles dans les applications exécutées sur des machines virtuelles ou des containers.

- Failles dans les API :

  Les API exposées sans authentification forte ou avec des contrôles d'accès faibles sont souvent une cible privilégiée pour les attaquants.

- Faible visibilité :

  Sans des outils spécifiquement conçus pour le cloud, il est souvent difficile de détecter les vulnérabilités, surtout dans un environnement multicloud ou hybride.

6.3 Bonnes pratiques de gestion des vulnérabilités dans le cloud

La gestion des vulnérabilités dans le cloud nécessite des pratiques adaptées, notamment dans l'utilisation d'outils spécifiques et l'automatisation des processus.

Bonnes pratiques recommandées :

1. Comprendre son modèle de responsabilité :

   Il est essentiel de cartographier clairement les responsabilités entre l'organisation et le fournisseur de services cloud, notamment en termes de sécurité et de gestion des vulnérabilités.

2. Utiliser des outils cloud-native :

   Les fournisseurs de cloud proposent des solutions de sécurité intégrées, comme AWS Inspector, Azure Security Center, ou Google Cloud Security Command Center, qui facilitent l'analyse et la correction des vulnérabilités dans leurs environnements.

3. Automatiser la découverte et le scan des assets :

   L'automatisation du scan des vulnérabilités dans les environnements cloud est cruciale. Cela inclut le déploiement d'agents de scan sur les instances cloud et l'intégration des scans dans les pipelines CI/CD pour les images de conteneurs.

4. Renforcer les contrôles de configuration :

   Des outils comme AWS Config, Azure Policy ou des solutions open-source comme Open Policy Agent aident à évaluer et à appliquer des configurations de sécurité conformes. Les standards comme les CIS Benchmarks sont aussi essentiels pour garantir des configurations sécurisées.

5. Sécuriser les API :

   Les API doivent être protégées par une authentification forte, la limitation des permissions et des contrôles d'accès rigoureux. Il est également essentiel de procéder à des analyses régulières de la sécurité des interfaces API.

6. Former les équipes :

   La formation des équipes en matière de sécurité cloud est indispensable. Cela inclut la sensibilisation aux spécificités de la gestion des vulnérabilités dans le cloud, ainsi que des certifications comme AWS Certified Security ou Azure Security Engineer pour assurer la compétence des professionnels.

6.4 Cas pratique : Vulnérabilité sur un stockage cloud mal configuré

Contexte : Configuration par défaut d'un bucket S3 en lecture publique.

Conséquences :

- Des informations sensibles, telles que des documents internes ou des bases de données clients, sont exposées publiquement sur Internet, ce qui peut entraîner des violations de données massives.

Leçons :

- Vérification des permissions : Il est essentiel de toujours vérifier les permissions et les configurations des ressources dès leur création.
- Mécanismes d'alerte : Mettre en place des alertes pour détecter rapidement les configurations risquées (par exemple, les buckets S3 publics).
- Audits de sécurité cloud réguliers : Les audits réguliers permettent d'identifier et de corriger les mauvaises configurations avant qu'elles ne causent des dégâts.

Résumé du Chapitre 6

La vulnérabilité dans le cloud est gérable mais nécessite une approche spécifique en raison de la dynamique des environnements cloud et du modèle de responsabilité partagée. L'assouplissement des exigences de sécurité cloud passe par l'automatisation des processus de gestion, une veille continue des configurations cloud, ainsi qu'une formation régulière des équipes. Toutefois, Étant donné la dynamique dans le développement des technologies cloud, la formation continue et l'adaptabilité sont également nécessaires pour maintenir la sécurité.

CHAPITRE 7

Mise en place d'un processus de gestion des vulnérabilités dans une entreprise

La mise en place d'un processus de gestion des vulnérabilités structuré et efficace est indispensable pour assurer la sécurité des systèmes d'information d'une organisation. Ce processus doit être adapté aux spécificités de l'entreprise, à ses ressources disponibles, et aux menaces auxquelles elle est exposée.

7.1 Étape 1 : Évaluation de la maturité de la gestion des vulnérabilités

Avant de déployer un processus de gestion des vulnérabilités, il est crucial d'évaluer la maturité de l'organisation en matière de cybersécurité. Cette évaluation permet de :

- Identifier les forces et les faiblesses de l'organisation,
- Évaluer la compréhension des vulnérabilités et la capacité à répondre,
- Déterminer les priorités pour mettre en place un processus efficace.

Méthodes d'évaluation :

- Modèle NIST CSF (Cybersecurity Framework)

- ISO 27001 et autres normes sectorielles

Critères à évaluer :

- Les politiques et procédures existantes,
- Les outils de gestion des vulnérabilités en place,
- Les compétences et formations des équipes.

7.2 Étape 2 : Définition des rôles et responsabilités

Un processus de gestion des vulnérabilités doit inclure une définition claire des rôles et responsabilités de chaque acteur de l'organisation.

Rôles principaux :

- Responsable sécurité : il est responsable de la gestion globale des vulnérabilités,
- Administrateurs des systèmes : Responsables de la gestion des vulnérabilités au niveau des systèmes et des applications,
- Développeurs : En charge de la gestion des vulnérabilités dans le code source,
- Responsable conformité : Veille à ce que le processus respecte les normes et régulations.

Avantages :

- Clarifie les attentes et minimise les ambiguïtés,
- Améliore la coordination entre les équipes, garantissant une réponse rapide et efficace aux vulnérabilités.

7.3 Étape 3 : Choix des outils de gestion des vulnérabilités

Le choix des outils est une étape clé dans la mise en place d'un processus de gestion des vulnérabilités. Ces outils doivent être adaptés aux besoins de l'entreprise et au périmètre technologique de l'organisation.

Critères à prendre en compte :

- Couverture fonctionnelle (scans réseau, gestion des patchs, analyse du code source, etc.),
- Intégration avec les autres outils IT (SIEM, ticketing, CMDB),
- Automatisation des processus de remédiation.

Outils populaires :

- Qualys, Tenable, Rapid7 pour les scans de vulnérabilités réseau,
- SonarQube pour l'analyse de la sécurité du code,
- OpenVAS (open source) pour un scan réseau libre.

Conseil :

Un outillage intégré et automatisé facilite grandement la gestion des vulnérabilités à grande échelle, en réduisant les risques d'erreurs humaines et en accélérant le traitement des vulnérabilités identifiées.

7.4 Étape 4 : Définition du processus de gestion

Une fois les outils et les rôles définis, il convient de structurer un processus de gestion des vulnérabilités clair et efficace. Ce processus doit être documenté et suivre des étapes définies pour être à la fois réactif et préventif.

Processus standard :

1. Identification des vulnérabilités :

   Scans réguliers, veille sur les CVE, rapports d'incidents.

2. Évaluation de la criticité :

   Classification des vulnérabilités selon les modèles CVSS et analyse du risque business.

3. Priorisation :

   Détermination des vulnérabilités à traiter en priorité (par exemple, vulnérabilités critiques).

4. Traitement :

   Application de patchs, corrections et/ou mesures compensatoires.

5. Suivi et validation :

Vérification de la correction des vulnérabilités et tests de régression pour s'assurer que les correctifs sont efficaces.

Note : Ce processus doit être itératif et régulièrement réévalué pour maintenir son efficacité à long terme.

7.5 Étape 5 : Sensibilisation et formation des équipes

Un processus de gestion des vulnérabilités efficace repose sur l'implication active de tous les acteurs de l'organisation. Il est donc essentiel de former les équipes aux bonnes pratiques et à leurs responsabilités spécifiques.

Axes de formation :

- Formation des administrateurs à la gestion des patchs et à la mise à jour des systèmes,
- Sensibilisation des développeurs à la sécurisation du code source dans une approche DevSecOps,
- Formation des utilisateurs aux bonnes pratiques de cybersécurité, telles que la réduction du risque d'ingénierie sociale et de phishing.

7.6 Étape 6 : Suivi et amélioration continue

Un bon processus de gestion des vulnérabilités ne s'arrête pas à sa mise en œuvre initiale. Il doit être continuellement réévalué et amélioré pour s'adapter aux nouvelles menaces et aux évolutions de l'infrastructure technologique.

Indicateurs de performance (KPIs) à suivre :

- Temps de réponse aux vulnérabilités critiques,
- Pourcentage de vulnérabilités corrigées dans les délais,
- Nombre d'incidents de sécurité liés à des vulnérabilités non corrigées.

Mécanismes d'amélioration continue :

- Réalisation de retours d'expérience après incidents pour ajuster les processus,
- Révisions régulières des processus et des outils afin de maintenir l'efficacité du système de gestion des vulnérabilités.

Résumé du Chapitre 7

La constitution d'un processus efficace et structuré de gestion des vulnérabilités suit les étapes suivantes : évaluation de la maturité de l'organisation, la définition des rôles et des responsabilités, le choix des outils, la formalisation du processus de gestion et la formation continue du personnel. Lorsque ces éléments sont combinés avec une approche de l'amélioration continue de la gestion et de l'optimisation des ressources, alors les organisations assurent l'efficacité de la gestion à long terme et la durabilité, contribuant à long terme à la sécurisation de leurs actifs informatiques.

CHAPITRE 8

L'obsolescence technologique, un accélérateur de vulnérabilités

La gestion des vulnérabilités est un enjeu de taille pour toutes les organisations. Ce chapitre présente des cas réels d'entreprises ayant fait face à des défis en matière de gestion des vulnérabilités, offrant ainsi des perspectives concrètes sur les conséquences d'une gestion efficace ou défaillante des vulnérabilités.

8.1 Définition et types d'obsolescence

L'obsolescence désigne l'état d'un actif (logiciel, matériel ou infrastructure) qui n'est plus maintenu, mis à jour ou supporté par son éditeur ou son fabricant. Dans le domaine de la cybersécurité, cela constitue un facteur aggravant majeur dans l'apparition et l'exploitation de vulnérabilités.

On distingue plusieurs types d'obsolescence dans un système d'information :

- Obsolescence logicielle : les logiciels, les systèmes d'exploitation, bibliothèques ou frameworks arrivés en fin de vie (EOL – End of Life), souvent sans patchs disponibles.

- Obsolescence matérielle : serveurs, routeurs, équipements réseau ou terminaux qui ne supportent plus les mises à jour ou ne sont plus compatibles avec les solutions de sécurité modernes.
- Obsolescence de configuration : configurations système ou applicatives basées sur d'anciennes pratiques non sécurisées (ex. : SMBv1, TLS 1.0, telnet, FTP en clair).
- Obsolescence organisationnelle : processus ou politiques internes qui ne tiennent pas compte des évolutions du risque technologique ou qui repoussent indéfiniment les mises à jour critiques.

8.2 Pourquoi l'obsolescence crée-t-elle des vulnérabilités ?

Un système obsolète n'est plus corrigé par son fournisseur (RH 6 par exemple). Toute vulnérabilité qui y est découverte devient une faille permanente, souvent publiquement connue, mais sans solution officielle.

Ces systèmes deviennent donc :

- Incapables de se défendre face à des attaques modernes,
- Incompatibles avec les outils de sécurité récents (EDR, agents de supervision, etc.),
- Difficiles à auditer et superviser, car ils n'intègrent plus les normes actuelles de journalisation ou de chiffrement,
- Isolés du reste du SI au point de ralentir les projets d'évolution globale.

8.3 Exemples concrets d'impacts liés à l'obsolescence

Le cas WannaCry (2017)

L'un des cyberattaques les plus destructrices de la décennie a tiré parti de systèmes Windows obsolètes non patchés (Windows XP, Server 2003), encore largement utilisés à l'époque dans des environnements industriels et hospitaliers.

Résultat : plus de 200 000 ordinateurs infectés dans plus de 150 pays, paralysie de nombreux hôpitaux et services publics.

Applications métiers critiques non migrées

Il y a de nombreuses entreprises qui utilisent encore des applications internes développées sur d'anciens frameworks (ex. : Java 6, PHP 5.x) parce que leur migration serait coûteuse ou risquée pour le métier.

Ces systèmes deviennent des îlots de vulnérabilités persistantes, avec des dépendances techniques non maîtrisées.

8.4 L'obsolescence comme dette technique

L'obsolescence est souvent le symptôme d'une dette technique, c'est-à-dire d'un retard accumulé dans la modernisation des systèmes, des outils ou des pratiques.

Ce retard augmente à mesure que les mises à jour sont différées, que les dépendances s'accumulent, ou que les projets de refonte sont reportés.

Plus la dette technique est ancienne, plus sa résorption est coûteuse, longue et risquée.

Mais l'obsolescence n'est pas seulement technique : elle devient une dette organisationnelle lorsqu'aucune gouvernance claire n'est en place pour anticiper, planifier et piloter la sortie de ces composants en fin de vie.

8.5 Comment gérer l'obsolescence dans une stratégie de cybersécurité ?

Cartographier l'obsolescence

- Recenser tous les actifs matériels et logiciels,
- Identifier leur niveau de support, de maintenance, leur exposition réseau et leur criticité métier,
- Visualiser les composants obsolètes dans des tableaux de bord.

Évaluer les risques liés

- Identifier les vulnérabilités connues,
- Estimer l'impact potentiel d'une exploitation sur le système d'information,

- Identifier les services métiers dépendants et les utilisateurs impactés.

Prioriser les migrations et remplacements

- Mettre en œuvre une stratégie de remplacement progressive,
- Hiérarchiser les actions selon la criticité de l'actif et son niveau d'exposition,
- Planifier les tests, l'accompagnement au changement et la documentation.

Mettre en place des mesures compensatoires

Lorsque la migration est temporairement impossible :

- Isoler l'actif sur un réseau dédié (DMZ, VLAN),
- Limiter strictement les accès réseau (firewall, IP filtering),
- Surveiller en temps réel les activités anormales (EDR, SIEM),
- Renforcer l'authentification et supprimer les accès non utilisés.

Intégrer l'obsolescence dans la gouvernance sécurité

- Créer une politique de cycle de vie des technologies (ex : politique de fin de support à 3 ans),
- Intégrer l'obsolescence dans le registre des risques cybersécurité,

- Informer régulièrement la DSI et les métiers des composants obsolètes en production.

8.6 L'obsolescence dans les environnements industriels et critiques

Quand nous prenons des secteurs comme l'industrie, la santé ou les transports, l'obsolescence est parfois inévitable, car certains équipements embarqués (OT/ICS, systèmes SCADA) ne peuvent pas être remplacés sans arrêt de production majeur.

Dans ces cas, il est crucial de :

- Mettre en place une stratégie de défense en profondeur autour de ces systèmes,
- Appliquer des mesures compensatoires strictes,
- Documenter et assumer les risques résiduels au niveau de la direction générale.

8.7 Comment gérer l'obsolescence dans une stratégie de cybersécurité ?

Une gestion efficace de l'obsolescence repose sur trois principes :

1. Anticipation : prévoir les échéances de fin de support et les intégrer dans les plans de migration.
2. Visibilité : disposer d'un inventaire fiable et d'indicateurs de pilotage.

3. Décision partagée : associer la sécurité, les métiers et la direction dans la gestion des risques liés à l'obsolescence.

Résumé du Chapitre 8

- L'obsolescence n'est pas une fatalité, mais un risque organisationnel qu'il faut piloter.
- Elle constitue un terreau fertile pour l'exploitation des vulnérabilités.
- Sans stratégie proactive, elle entraîne une dette technique coûteuse, voire dangereuse.
- Il est essentiel de cartographier, prioriser, compenser et gouverner.
- Une approche équilibrée entre sécurité, continuité de service et maîtrise des coûts est la clé d'une stratégie durable.

CHAPITRE 9

Cas d'étude et retours d'expérience

La gestion des vulnérabilités est un enjeu de taille pour toutes les organisations. Ce chapitre présente des cas réels d'entreprises ayant fait face à des défis en matière de gestion des vulnérabilités, offrant ainsi des perspectives concrètes sur les conséquences d'une gestion efficace ou défaillante des vulnérabilités.

9.1 Cas d'étude 1 : Attaque de type ransomware chez une PME

Contexte :

Une petite entreprise de distribution de biens de consommation a été victime d'une attaque de type ransomware. L'attaque a été permise par une vulnérabilité non corrigée dans une ancienne version de Microsoft Exchange Server.

Analyse des causes :

- Absence de mise à jour régulière des systèmes critiques.
- Une vulnérabilité zero-day dans Exchange a été exploitée par les attaquants, car l'entreprise n'avait pas appliqué le patch de sécurité publié par Microsoft.

- Manque de sensibilisation et de formation sur la gestion des vulnérabilités, retardant ainsi la prise en charge de la menace.

Conséquences :

- Chiffrement des données sensibles.
- Interruption des opérations pendant plusieurs jours.
- Perte de confiance des clients.

Leçons apprises :

- Mise en place d'une gestion des patchs stricte avec des mises à jour régulières et une surveillance continue des vulnérabilités.
- Sensibilisation continue du personnel aux risques pour renforcer la prévention des menaces.

9.2 Cas d'étude 2 : Amélioration de la posture de sécurité dans un grand groupe financier

Contexte :

Une grande banque a lancé un projet pour rénover son processus de gestion des vulnérabilités afin de se conformer au Règlement Général sur la Protection des Données (RGPD) et d'améliorer sa posture de sécurité globale.

Approche mise en place :

- Scan quotidien des vulnérabilités avec une solution d'analyse automatisée.
- Intégration de la gestion des vulnérabilités dans les processus DevOps, en utilisant des outils comme SonarQube pour l'analyse du code source.
- Sensibilisation continue des équipes, tant techniques que non techniques.

Résultats obtenus :

- Réduction de 40 % du nombre de vulnérabilités critiques non corrigées en trois mois.
- Meilleure réactivité face aux nouvelles menaces.
- Renforcement de la confiance des clients et des parties prenantes.

Leçons apprises :

- L'intégration de la gestion des vulnérabilités dans la culture de l'entreprise et l'implication de toutes les équipes sont clés pour une gestion réussie à long terme.
- Les outils automatisés améliorent l'efficacité, mais une vigilance humaine reste nécessaire pour les vulnérabilités à haut risque.

9.3 Cas d'étude 3 : L'échec de la gestion des vulnérabilités dans une entreprise de santé

Contexte :

Une entreprise du secteur de la santé a subi une attaque ciblée exploitant une vulnérabilité non patchée dans un système de gestion des dossiers médicaux électroniques.

Problèmes rencontrés :

- La vulnérabilité était connue depuis plusieurs mois, mais la mise à jour a été retardée en raison de la priorisation d'autres projets.
- L'entreprise ne disposait pas de processus formalisés pour la gestion des vulnérabilités, et les mises à jour n'étaient pas régulièrement testées.
- Manque de documentation concernant les vulnérabilités critiques dans les systèmes internes.

Conséquences :

- Vol de données personnelles et médicales sensibles.
- Sanctions réglementaires pour non-conformité aux exigences de sécurité des données de santé (comme la HIPAA aux États-Unis).
- Dommages à la réputation de l'entreprise.

Leçons apprises :

- L'absence d'un processus structuré de gestion des vulnérabilités a entraîné des conséquences graves.
- L'automatisation des mises à jour, associée à des tests rigoureux avant toute mise en production, est essentielle dans les secteurs sensibles comme la santé.

9.4 Cas d'étude 4 : Mise en place d'un programme de gestion des vulnérabilités dans une entreprise de commerce en ligne

Contexte :

Une entreprise de commerce en ligne a entrepris de renforcer sa gestion des vulnérabilités après plusieurs incidents où des failles de sécurité ont été exploitées pour voler des informations de paiement.

Stratégie mise en place :

- Centralisation des efforts de gestion des vulnérabilités avec l'intégration d'un SIEM pour collecter et analyser les logs de sécurité.
- Mise en place d'une stratégie de gestion des vulnérabilités basée sur le risque : les vulnérabilités sont classées selon leur impact potentiel sur les finances et les données client.

- Collaboration étroite entre les équipes de sécurité informatique et les équipes de développement pour intégrer la sécurité dès la phase de développement (approche DevSecOps).

Résultats obtenus :

- Réduction significative du nombre de vulnérabilités critiques non corrigées.
- Réduction de 50 % du temps moyen de remédiation.
- Renforcement de la confiance des clients, ayant un impact positif sur les ventes.

Leçons apprises :

- Une approche centrée sur le risque et une collaboration inter-équipes sont essentielles pour protéger les données sensibles.
- L'intégration de la gestion des vulnérabilités dans le cycle de développement agile permet de détecter les risques dès le début du processus.

Résumé du Chapitre 9

Les cas d'étude présentés démontrent que la gestion des vulnérabilités, bien qu'indispensable, doit être adaptée à chaque organisation et à son contexte spécifique. La réussite passe par une approche proactive, une automatisation intelligente et une collaboration étroite entre les différentes parties prenantes. Les erreurs observées dans certaines entreprises soulignent l'importance de structurer des processus solides et bien définis pour éviter des conséquences dramatiques.

CHAPITRE 10

Retour d'expérience sur mission de gestion des vulnérabilités sur des serveurs sensibles

La gestion des vulnérabilités est un enjeu de taille pour toutes les organisations. Ce chapitre présente des cas réels d'entreprises ayant fait face à des défis en matière de gestion des vulnérabilités, offrant ainsi des perspectives concrètes sur les conséquences d'une gestion efficace ou défaillante des vulnérabilités.

10.1 Contexte de la mission

En effet, dans le cadre du contrat de prestation en cybersécurité qui m'avait été attribué, je réalisais une démarche de gestion des vulnérabilités sur des serveurs critiques, hébergeant des services hautement sensibles pour une entreprise de services financiers.

Ces derniers incluaient des bases de données clients, des services d'authentification ainsi que des interfaces d'administration accessible à distance. En effet, l'entreprise en question avait mis en place plusieurs autres mesures de sécurité. Quant à ces systèmes critiques, pas une seule campagne identifiée et corrigeant les vulnérabilités de manière structurée et continue ne les avait été conduites.

Objectifs de la mission :

- Évaluer l'état de sécurité des serveurs sensibles
- Identifier et prioriser les vulnérabilités critiques
- Mettre en place un processus de remédiation efficace
- Proposer une stratégie de gestion continue des vulnérabilités

10.2 Démarche adoptée

Phase de cadrage :

Avant toute intervention technique, une phase de cadrage a été menée pour :

- Réaliser des entretiens avec les responsables IT et sécurité
- Collecter la documentation réseau et applicative
- Définir clairement le périmètre (environnement de production uniquement)
- Obtenir les autorisations nécessaires (plages horaires, contraintes métiers)

Cette phase a permis d'instaurer un climat de confiance et de définir un plan d'action cohérent et sans ambiguïté.

Inventaire des actifs :

L'inventaire a révélé 157 serveurs critiques, incluant des hôtes physiques et virtuels sous Linux (Ubuntu, CentOS) et Windows Server. Chaque serveur a été classé selon sa criticité fonctionnelle et son niveau d'exposition (internet, intranet). Un audit initial a révélé que la documentation était partiellement obsolète, nécessitant un scan d'inventaire automatisé.

Analyse de vulnérabilités :

Des scans ont été effectués à l'aide de Nexpose, complétés par une revue manuelle des configurations.

Les analyses ont révélé plus de 6750 vulnérabilités, dont 3800 critiques (CVE > 9.0).

Les failles les plus préoccupantes comprenaient l'utilisation de protocoles obsolètes (SMBv1), des versions vulnérables de logiciels (Apache, PHP, OpenSSL), et l'absence de mises à jour de sécurité depuis plusieurs mois.

Priorisation et plan d'action :

Une matrice de criticité a été construite selon les scores CVSS, le niveau d'exposition, l'impact métier et l'existence d'exploits publics.

Un plan de remédiation a été présenté, avec des priorités sur trois niveaux : immédiat (48h), à 7 jours et à 30 jours. Une collaboration étroite avec les administrateurs systèmes a permis de planifier les correctifs sans interruption de service critique.

Remédiation et vérification :

Les serveurs les plus critiques ont été corrigés en priorité. Les correctifs ont été testés en préproduction avant déploiement. Un deuxième scan a validé la remédiation de 85 % des vulnérabilités critiques. Les services obsolètes ont été désactivés, les accès non essentiels supprimés et les configurations sécurisées renforcées.

Mise en place d'un processus pérenne :

Nous avons proposé un processus de gestion mensuelle incluant des scans automatiques, des rapports structurés, et un tableau de bord intégré aux comités sécurité. Des outils d'automatisation ont été recommandés, et des ateliers de formation ont été réalisés auprès des équipes techniques.

10.3 Workflow de suivi et pilotage

Pour assurer un suivi rigoureux de la remédiation, un outil de gestion des vulnérabilités a été mis en place dès le début de la mission. Chaque vulnérabilité critique identifiée via les outils de scan était immédiatement transposée en ticket de traitement dans un système de gestion des tâches (Jira, GLPI, ou tableau de bord personnalisé), comportant :

- La description technique du problème,
- Les références CVE associées,
- Le score CVSS et le niveau de criticité (élevé, moyen, faible),
- L'impact métier estimé,
- Les mesures de remédiation proposées,
- Les responsables assignés et le délai de traitement selon la gravité.

Mise en place d'un workflow de suivi :

Un workflow structuré a été défini pour suivre l'évolution de chaque ticket jusqu'à sa clôture :

- Nouveau : ticket créé à la suite d'un scan ou à une revue manuelle
- En cours de traitement : correctif en cours de test ou de déploiement
- Corrigée en attente de validation : re-scan ou vérification manuelle en attente
- Corrigée : confirmation de l'élimination de la vulnérabilité
- Non corrigée (justifiée) : vulnérabilité maintenue en connaissance de cause (contrainte métier ou technique)

Coordination avec les équipes techniques :

Pour garantir un suivi dynamique et collaboratif, des points hebdomadaires ont été instaurés avec les équipes techniques (administrateurs systèmes, responsables applicatifs, RSSI).

Ces réunions avaient pour objectifs :

- La revue des tickets ouverts, clos et en attente,
- La résolution des blocages techniques,
- L'ajustement des priorités selon les contraintes métier,
- La documentation des cas non traités, avec justification écrite,
- La validation des remédiations appliquées.

Ces échanges réguliers ont permis une meilleure adhésion des équipes IT au processus, une meilleure fluidité dans le traitement des vulnérabilités, et une responsabilisation claire des parties prenantes.

Gestion des vulnérabilités non corrigées :

Dans certains cas, des vulnérabilités n'ont pas pu être corrigées dans les délais recommandés en raison de :

- Dépendances applicatives critiques,
- Incompatibilités techniques avec les mises à jour,
- Retours d'expérience métier sur des impacts potentiels non acceptables,

- Ou choix assumé de maintenir l'état existant après une évaluation de risque.

Ces vulnérabilités ont été documentées dans un registre formel, incluant :

- L'analyse des risques,
- La justification métier,
- Les mesures compensatoires mises en place (filtrage IP, WAF, surveillance accrue, isolation réseau),
- La stratégie de surveillance continue par l'équipe CERT ou RSSI.

Indicateurs de suivi présentés à la DSI :

Pour assurer un pilotage stratégique de l'état de sécurité, un tableau de bord des vulnérabilités a été mis en place. Les indicateurs clés de performance (KPI) suivis et présentés en comité de direction (DSI et RSSI) comprenaient :

- Nombre total de vulnérabilités par criticité (critique, haute, moyenne, faible)
- Taux de remédiation dans les délais recommandés (48h, 7 jours, 30 jours)
- Nombre de vulnérabilités non corrigées et justifiées
- Temps moyen de traitement par criticité
- Répartition par système, zone réseau, responsable technique
- Évolution mensuelle du niveau d'exposition global

Ces éléments ont permis de valoriser les efforts engagés, d'objectiver les arbitrages, et de prioriser les moyens à engager pour maintenir un niveau de sécurité acceptable à long terme.

10.4 Résultats obtenus

La mission a permis d'atteindre plusieurs objectifs stratégiques, tant sur le plan opérationnel que sur le plan organisationnel. Les résultats les plus significatifs incluent :

- Réduction drastique de l'exposition aux risques critiques : En l'espace de trois mois, plus de 92 % des vulnérabilités critiques ont été corrigées, dont plusieurs affectaient des systèmes de production sensibles accessibles en interne et en DMZ.
- Stabilisation de l'environnement technique : La remédiation des failles connues a permis d'améliorer la résilience globale des serveurs, de renforcer la cohérence des configurations système, et de détecter des anomalies dans les processus de gestion des correctifs.
- Mise en place d'un référentiel de suivi : L'introduction d'un outil centralisé de gestion des vulnérabilités a offert une meilleure traçabilité, une historisation des traitements et un pilotage précis des actions engagées.
- Renforcement de la collaboration inter-équipes : Les réunions régulières ont favorisé une culture partagée de la sécurité, réduit les tensions entre sécurité et production, et

fluidifié la coordination entre RSSI, DSI, DevOps et administrateurs systèmes.

- Production de livrables exploitables : Un rapport final consolidé a été remis à la DSI avec une cartographie des vulnérabilités, un registre des risques résiduels et une feuille de route priorisée pour les actions à poursuivre.

Ces résultats ont permis de démontrer la valeur ajoutée d'une démarche structurée, pragmatique et centrée sur la réduction du risque réel plutôt que sur l'exhaustivité ou la conformité pure.

10.5 Enseignements et recommandations

De cette mission, plusieurs enseignements clés ont émergé et peuvent servir de base à la généralisation d'une démarche de gestion des vulnérabilités efficace dans tout type d'organisation :

- Une bonne cartographie initiale est indispensable : Il est essentiel de disposer d'une vision précise de l'infrastructure à traiter. Sans inventaire fiable, la remédiation est toujours partielle et source de frustration.

- Les outils de scan sont puissants mais doivent être accompagnés d'une analyse humaine (Il ne faut pas se contenter des résultats bruts). Il est nécessaire d'investir du temps dans la qualification des vulnérabilités détectées pour éviter les faux positifs et mieux prioriser les efforts.

- L'intégration du suivi dans les outils de ticketing existants facilite l'adoption : Il est préférable de s'appuyer sur des outils déjà utilisés par les équipes IT pour inscrire la sécurité dans les routines de travail existantes.

- La sensibilisation et la communication sont des leviers essentiels : L'approche punitive ou purement technique n'est pas efficace. Il faut expliquer, convaincre, accompagner. La sécurité est une affaire collective.

- Les indicateurs doivent être orientés risques et opérations, pas seulement conformité : Pour mobiliser la direction générale ou la DSI, les tableaux de bord doivent traduire les efforts de remédiation en réduction mesurable du niveau de risque.

- Assumer certaines vulnérabilités peut être un choix responsable : Toutes les vulnérabilités ne peuvent pas être corrigées. L'important est de savoir lesquelles sont maîtrisées, suivies, compensées, et assumées en connaissance de cause.

- Documenter est aussi important que corriger : Tenir à jour un registre des vulnérabilités corrigées, non corrigées, en surveillance ou rejetées permet d'assurer une transparence et une continuité dans le temps.

Enfin, cette mission confirme qu'une gestion des vulnérabilités réussie repose autant sur l'organisation et l'humain que sur la technologie. Elle s'inscrit dans une démarche d'amélioration continue et de maturité croissante du système d'information.

CHAPITRE 11

La réalité du rôle de RSSI face aux vulnérabilités : entre responsabilité, pression et résilience

11.1 Une mission à haut risque dans un environnement sous tension

Le Responsable de la Sécurité des Systèmes d'Information (RSSI) occupe une fonction de plus en plus critique, parfois isolée, souvent exposée. Face à l'augmentation constante du nombre de vulnérabilités, à la complexité des SI, et à l'inévitable friction entre sécurité, production et business, le RSSI est au cœur de multiples injonctions contradictoires :

- Garantir la sécurité sans bloquer les projets,
- Prioriser les risques sans disposer de tous les moyens,
- Réagir vite sans sacrifier la qualité,
- Être transparent sans déclencher d'alerte inutile.

Le risque cyber étant aujourd'hui considéré comme stratégique, les RSSI sont directement impliqués dans la gestion des crises, parfois même tenus pour responsables en cas de défaillance majeure.

11.2 Vulnérabilités : un champ de bataille permanent

Gérer les vulnérabilités pour un RSSI, c'est affronter un volume massif d'alertes, des arbitrages constants, et des résistances internes dont :

- Des dizaines de milliers de CVE publiées chaque année,
- Des SI anciens, complexes, ou mal cartographiés,
- Des équipes techniques déjà surchargées,
- Des budgets limités,
- Des interlocuteurs métiers qui ne perçoivent pas l'urgence,
- Des délais irréalistes imposés par la gouvernance ou l'audit.

Le RSSI n'a que rarement les mains opérationnelles, mais il est attendu sur les résultats. Il doit influencer, convaincre, arbitrer et souvent sans pouvoir hiérarchique direct sur les équipes qui doivent agir.

11.3 Le poids psychologique : stress, isolement, épuisement

La pression subie par les RSSI est souvent silencieuse mais bien réelle sur la charge mentale :

- La crainte permanente d'une attaque majeure,
- La peur d'un audit négatif ou d'une faille publique,
- La charge mentale liée à la priorisation continue des risques,

- Le manque de reconnaissance ou de compréhension de la direction,
- Le sentiment d'être seul à porter la sécurité de toute l'entreprise.

Dans certaines organisations, le RSSI est tenu moralement responsable d'un incident, même si les causes relèvent de choix stratégiques, budgétaires ou organisationnels qu'il ne contrôle pas.

11.4 Comportement et posture du RSSI : entre lucidité, pédagogie et diplomatie

Face à cette pression, le RSSI doit adopter une posture d'équilibre. Voici les qualités essentielles à cultiver :

- Clarté : savoir formuler les risques en langage métier,
- Diplomatie : créer des alliances avec les équipes IT, les chefs de projets, les métiers,
- Rigueur : baser ses décisions sur des analyses documentées, traçables,
- Pragmatisme : proposer des plans de remédiation progressifs et réalisables,
- Pédagogie : sensibiliser sans culpabiliser, mobiliser sans imposer.

Mais il ne peut pas porter seul la cybersécurité de l'entreprise. La maturité collective est essentielle.

11.5 Ce que doivent faire les dirigeants : construire une gouvernance responsable

Les dirigeants (DG, DAF, DSI...) doivent prendre conscience que la sécurité ne repose pas uniquement sur le RSSI, mais sur une organisation complète, alignée, dotée de moyens.

Voici ce qu'ils doivent faire pour soutenir une politique de sécurité efficace :

Donner un mandat clair au RSSI

- Définir son périmètre d'action,
- Le positionner au bon niveau hiérarchique (rattachement au COMEX ou à la DSI),
- Reconnaître son rôle transversal.

Assurer un budget réaliste et stable

- Financer les outils de scan, de supervision, de gestion des vulnérabilités,
- Permettre l'automatisation et la formation continue des équipes sécurité.

Renforcer la culture sécurité à tous les niveaux

- Intégrer la sécurité dans les projets dès la conception,
- Valoriser les démarches proactives de correction,
- Impliquer les métiers dans l'analyse des risques.

Soutenir le RSSI publiquement

- Ne pas chercher un "coupable" en cas d'attaque, mais comprendre le contexte global,
- Documenter les arbitrages de risque en comité de pilotage,
- Accepter que tout ne peut pas être corrigé immédiatement (le risque zéro n'existe pas).

11.6 Cas sensible : quand le RSSI hérite d'une situation instable

Il arrive fréquemment qu'un RSSI soit recruté pour remettre de l'ordre après le départ précipité d'un prédécesseur, parfois évincé à la suite d'un incident de sécurité, à un audit négatif, ou à un manque de résultats visibles.

Le nouveau RSSI se retrouve alors dans une position fragile, où les attentes sont élevées, la confiance limitée, et la mémoire organisationnelle floue ou partiale.

Ce que cela signifie en pratique :

- L'historique des décisions de sécurité est souvent mal documenté,
- Les équipes sont échaudées ou divisées par les tensions passées,
- Le management attend des résultats rapides, voire immédiats,
- Le nouveau RSSI peut hériter d'une situation bancale, mais en être tenu pour responsable à terme.

Comment un RSSI doit gérer cette situation

Voici une approche structurée pour prendre le rôle du RSSI sans tomber dans le piège de la reprise de faute :

Ne pas juger le passé, mais le comprendre

Il est essentiel d'adopter une posture d'écoute et de neutralité :

- Reconstituer l'historique de la politique sécurité,
- Identifier les blocages, les zones de flou, les décisions non documentées,
- Éviter de critiquer ouvertement le travail précédent : cela fragilise la fonction elle-même aux yeux des autres.

Évaluer rapidement l'état réel du SI

Mettre en place un diagnostic rapide de l'exposition aux vulnérabilités :

- État des scans, des tickets ouverts/non traités, des priorités passées,
- Évaluer la gouvernance actuelle : existe-t-elle vraiment ?
- S'appuyer sur des outils ou indicateurs tangibles pour bâtir une feuille de route claire.

Reformuler un nouveau cadre sans rupture brutale

Il ne s'agit pas de tout révolutionner, mais de reposer les bases :

- Clarifier les responsabilités, les procédures, les échéances,
- Réengager les équipes IT autour d'un projet commun,
- Communiquer dès le départ sur une vision réaliste et mesurable.

Échanger avec la direction sur les attentes

Éviter les zones grises :

- "Qu'attendez-vous de moi dans 3 mois ? 6 mois ? "
- "Quelles ressources sont mobilisables ?"

- Documenter les objectifs fixés avec la DSI ou la DG pour éviter les malentendus.

Conseil clé :

Le RSSI n'est pas là pour corriger seul les erreurs du passé. Il est là pour construire un futur plus maîtrisé. Il doit refuser poliment, mais fermement, tout transfert de responsabilité non assumé, et rappeler que la sécurité n'est pas la dette d'une seule personne, mais un patrimoine collectif mal entretenu.

Le RSSI est un chef d'orchestre de la résilience numérique. Il ne peut réussir que si :

- L'entreprise l'écoute,
- Les équipes le soutiennent,
- Et la gouvernance assume sa part de responsabilité.

Ce chapitre n'est pas un plaidoyer pour protéger le RSSI, mais un appel à une sécurité partagée, mature, lucide. Car face aux vulnérabilités, la question n'est pas "qui est responsable ?" mais "comment agissons-nous ensemble ?"

CHAPITRE 12

Conclusion et perspectives d'avenir

La gestion des vulnérabilités des systèmes d'information est essentielle pour assurer la cybersécurité. Malgré les avancées technologiques dans le domaine, les vulnérabilités restent un point d'entrée privilégié pour les attaques. Ce chapitre conclut le livre en récapitulant les principaux enseignements et en explorant les défis et perspectives pour améliorer la gestion des vulnérabilités.

12.1 Récapitulatif des points clés

Au fil de cet ouvrage, nous avons abordé les principes fondamentaux et les meilleures pratiques pour gérer les vulnérabilités des systèmes d'information. Voici les points essentiels à retenir :

- Compréhension des vulnérabilités : Une vulnérabilité est une faiblesse dans un système, exploitable par un attaquant. Une gestion efficace commence par l'identification et l'évaluation des vulnérabilités.
- Approche systématique : Un processus structuré est crucial. Ce processus inclut la découverte, l'évaluation, la priorisation et la remédiation des vulnérabilités, accompagné d'un suivi rigoureux.

- Outils et automatisation : L'utilisation d'outils appropriés (scan automatisé, gestion des patchs, monitoring continu) est indispensable pour une gestion proactive.
- Intégration de la sécurité dans le cycle de vie des applications : La sécurité doit être intégrée dès la phase de conception et de développement des applications, selon le modèle DevSecOps, pour détecter et corriger rapidement les vulnérabilités.
- Collaboration inter-équipes : La gestion des vulnérabilités nécessite une grande collaboration étroite entre les équipes techniques, les développeurs et les responsables de la conformité.
- Évolution constante : La cybersécurité est un domaine en constante évolution, nécessitant une adaptation continue des méthodes et outils de gestion des vulnérabilités.

12.2 Les défis futurs

Le paysage des menaces évolue rapidement, et plusieurs défis se profilent pour l'avenir de la gestion des vulnérabilités :

- L'augmentation des vulnérabilités Zero-Day : Avec l'intelligence artificielle et le machine learning, les vulnérabilités zero-day (inconnues avant exploitation) deviennent plus courantes, nécessitant des capacités de détection et de réaction accrues.

- La gestion des vulnérabilités dans les environnements multi-cloud : L'adoption croissante des environnements multi-cloud introduit de nouvelles complexités pour la gestion des vulnérabilités, avec la nécessité d'une coordination accrue entre fournisseurs et outils de sécurité.
- La vulnérabilité des objets connectés (IoT) : Les objets IoT sont de plus en plus nombreux, souvent mal sécurisés, avec des capacités limitées de mise à jour, augmentant ainsi les surfaces d'attaque.
- L'intégration de la gestion des vulnérabilités dans la supplychain : Les attaques de la supplychain, comme l'incident SolarWinds, montrent l'importance de vérifier la sécurité des partenaires et des logiciels tiers tout au long de la chaîne de valeur.

12.3 Perspectives

La gestion des vulnérabilités continuera d'évoluer, avec plusieurs tendances émergentes :

- L'intelligence artificielle et l'automatisation : les outils utiliseront de plus en plus l'intelligence artificielle pour identifier des vulnérabilités cachées et prévoir des attaques. L'automatisation permettra également d'accélérer la remédiation et de réduire les erreurs humaines.
- La gestion des vulnérabilités basée sur le risque : les entreprises adopteront une approche centrée sur le risque,

traitant les vulnérabilités en fonction de leur impact potentiel, afin de mieux prioriser les ressources.

- La cybersécurité intégrée dans le développement logiciel (Shift-Left) : les méthodologies de développement évolueront vers une approche Shift-Left, où la sécurité sera intégrée dès la phase de conception et de développement des logiciels, permettant de détecter les vulnérabilités plus tôt.
- La collaboration entre les secteurs public et privé : face à des menaces de plus en plus sophistiquées, la coopération entre les secteurs public et privé sera essentielle pour renforcer la résilience collective. Le partage d'informations et de bonnes pratiques contribuera à améliorer la sécurité globale.

12.4 Conclusion

La gestion des vulnérabilités est un enjeu stratégique, peu importe la taille de l'organisation. Elle nécessite une approche méthodique, des outils adaptés et une collaboration active entre toutes les parties prenantes. Malgré les défis nombreux, les avantages d'une gestion proactive des vulnérabilités sont considérables. Les organisations qui réussiront à intégrer cette gestion dans leurs processus quotidiens seront mieux préparées à affronter les menaces de demain.

La cybersécurité n'est pas une tâche ponctuelle mais un engagement continu. La gestion des vulnérabilités, au cœur de cette approche, évolue constamment et il est donc essentiel de rester vigilant, d'adopter de nouvelles technologies et de réévaluer régulièrement ses processus pour garantir une protection optimale contre les risques.

A propos de l'auteur

Samir ALE, expert en cybersécurité, est de nationalité béninoise. Né en 1991 à Natitingou (Bénin), il justifie de plusieurs années d'expérience au sein de grandes organisations, où il a exercé des fonctions à responsabilité, notamment chez Metsys, AG2R La Mondiale, GIE GERAP et Xelians.

Titulaire d'un Master 2 à L'IRIAF en Management des Risques des Systèmes d'Information (Université de Poitiers) et d'un diplôme d'ingénieur en sécurité des réseaux et télécommunications, il a également consolidé son expertise à travers la maîtrise de nombreuses normes et outils du domaine, parmi lesquels : ISO 27001/27002, EBIOS, Qualys, OpenVAS, Burp Enterprise, Metasploit, Varonis, Azure Sentinel, QRadar, et bien d'autres.

Engagé dans la transmission du savoir, Samir intervient sur la plateforme Udemy, anime des présentations et ateliers techniques, et partage aujourd'hui son expérience à travers ce livre. Il y propose une approche pragmatique de la cybersécurité, fondée sur des méthodes opérationnelles et des retours d'expérience concrets, à destination aussi bien des débutants que des professionnels souhaitant renforcer la posture de sécurité de leurs systèmes d'information.

Bibliographie

Ce livre s'appuie beaucoup sur une combinaison d'expériences professionnelles, de normes reconnues et de publications techniques solides. Pour aller plus loin dans la gestion des vulnérabilités et renforcer votre culture cybersécurité, voici quelques références clés :

Normes & cadres méthodologiques :

- ISO/IEC 27001 – Système de management de la sécurité de l'information
- ISO/IEC 27005 – Gestion des risques liés à la sécurité de l'information
- NIST SP 800-40 – Guide to Enterprise Patch Management
- OWASP TOP 10- Open Web Application Security Projet
- CVE – Common Vulnerabilities and Exposures
- EBIOS Risk Manager – Méthode d'analyse de risques par l'ANSSI
- MITRE ATT&CK Framework – Modélisation des tactiques et techniques d'attaque

Ouvrages recommandés :

- The Art of Software Security Assessment - Mark Dowd, John McDonald

- Protection des Données Personnelles et Cybersécurité - Abdel Farid ALE
- Practical Vulnerability Management - Andy Ellis
- Cybersecurity and Cyberwar - P.W. Singer & Allan Friedman
- Blue Team Field Manual (BTFM) - Alan White & Ben Clark

Ressources en ligne :

- https://www.first.org/cvss
- https://nvd.nist.gov/
- https://www.cvedetails.com/
- https://www.cert.ssi.gouv.fr/
- https://owasp.org/

Imprimé en France

979-10-977843-0-0

Dépôt légal : 1er trimestres 2025

www.ingramcontent.com/pod-product-compliance
Lightning Source LLC
La Vergne TN
LVHW010113170826
845678LV00012B/2388

* 9 7 9 1 0 9 7 7 8 4 3 0 0 *